寫·阿彌陀經

張明明·範帖書寫

練習人生中的信願成就與自在放下

本書使用方法

字安則心安，字穩則心定。

出版「寫經寫字系列」的起心動念，很單純，就是給自己一段時間好好寫字，感受筆落紙上，在一筆一畫中重新回歸身心的安定力量。

惶惶不安有時，焦慮難耐有時，疫情天災更放大了不安穩與不確定，當你感到混亂的時候，就來寫字吧。

寫什麼都可以，從寫經入手，為的是在專心摹寫的過程裡，可以收斂自己紛雜的心緒，可以在呼吸落筆之間收束意念，修習定的工夫。

到了現代，寫經除了傳統概念上的「抄經以利佛法流傳」的發心祈願外，不是佛教徒同樣也可以藉由寫經傳遞與人結善緣的祝福心意，無須心有罣礙。

該如何開始寫？選擇一個喜歡的版本當然是最重要的，

如果是佛教徒的話，可以遵循宗教儀軌，先沐手，端身就坐，收攝身心，默唸〈開經偈〉一遍。然後開始寫經，寫完之後再恭頌〈迴向偈〉。

若是只是想單純藉由寫經來練字定心，專念一意是最重要的，字醜字美有無錯漏都不需懊惱，錯字旁畫◯，在空白處補上正確的字，無須塗改，繼續書寫即可。

當你想把寫經的祝福心意傳遞給他人時，可以在寫完經文之後，寫下①當天日期，②寫經人姓名，③迴向（默想傳送心意）給祝福的人，這樣就可以將你的誠懇心意圓滿表達。

本次出版的《寫．阿彌陀經》A4好寫大開本，共可書寫九次《阿彌陀經》。

淨土不只在他方，更在當下此時此刻。

阿彌陀經解決的不只是往生未知的焦慮，更多的是透過堅定的心念信願，對現世人生指引，學得安樂自在。

透過書寫阿彌陀經，練習信願成就。

【關於阿彌陀經】

《阿彌陀經》為淨土三經之一（另外二經是佛陀在耆闍崛山所說《無量壽經》，王舍城所說《觀無量壽經》）。

這部佛經最大的特色是「無問自說」。不是弟子啓請而是佛陀主動宣說，因為此經「易行難信」，必須由佛陀自行開示，否則無人能信。

姚秦．鳩摩羅什的《阿彌陀經》譯本，稱為《佛說阿彌陀經》，也是流傳最廣最通行的版本。本次《寫．阿彌陀經》的摹寫範本，即是使用鳩摩羅什的譯本。

【開經偈與迴向偈】

如果有宗教信仰的話，可以在開始寫經之前，端正心意默唸〈開經偈〉。

〈開經偈〉：無上甚深微妙法，
百千萬劫難遭遇；
我今見聞得受持，
願解如來真實義。

寫經完成之後，端正誦念〈迴向偈〉。

〈迴經偈〉：願消三障諸煩惱，
願得智慧真明了；
普願災障悉消除，
世世常行菩薩道。

迴向偈版本眾多，提供給大家誦念的版本，出自唐朝懷海法師《百丈叢林清規證義記》。

佛說阿彌陀經
姚秦三藏法師鳩摩羅什譯
如是我聞一時佛在舍衛國祇樹給
孤獨園與大比丘僧千二百五十人
俱皆是大阿羅漢眾所知識長老舍
利弗摩訶目犍連摩訶迦葉摩訶迦
栴延摩訶俱絺羅離婆多周利槃陀
伽難陀阿難陀羅睺羅憍梵波提賓
頭盧頗羅墮迦留陀夷摩訶劫賓那
薄拘羅阿㝹樓馱如是等諸大弟子
并諸菩薩摩訶薩文殊師利法王子
阿逸多菩薩乾陀訶提菩薩常精進
菩薩與如是等諸大菩薩及釋提桓
因等無量諸天大眾俱爾時佛告長
老舍利弗從是西方過十萬億佛土

有世界名曰極樂其土有佛號阿彌
陀今現在說法舍利弗彼土何故名
為極樂其國眾生無有眾苦但受諸
樂故名極樂又舍利弗極樂國土七
重欄楯七重羅網七重行樹皆是四
寶周匝圍繞是故彼國名為極樂又
舍利弗極樂國土有七寶池八功德
水充滿其中池底純以金沙布地四
邊階道金銀琉璃玻璃合成上有樓
閣亦以金銀琉璃玻璃硨磲赤珠瑪
瑙而嚴飾之池中蓮花大如車輪青
色青光黃色黃光赤色赤光白色白
光微妙香潔舍利弗極樂國土成就
如是功德莊嚴又舍利弗彼佛國土
常作天樂黃金為地晝夜六時雨天

曼陀羅花其土眾生常以清旦各以
衣裓盛眾妙花供養他方十萬億佛
即以食時還到本國飯食經行舍利
弗極樂國土成就如是功德莊嚴復
次舍利弗彼國常有種種奇妙雜色
之鳥白鶴孔雀鸚鵡舍利迦陵頻伽
共命之鳥是諸眾鳥晝夜六時出和
雅音其音演暢五根五力七菩提分
八聖道分如是等法其土眾生聞是
音已皆悉念佛念法念僧舍利弗汝
勿謂此鳥實是罪報所生所以者何
彼佛國土無三惡道舍利弗其佛國
土尚無惡道之名何況有實是諸眾
鳥皆是阿弥陀佛欲令法音宣流變
化所作舍利弗彼佛國土微風吹動

諸寶行樹及寶羅網出微妙音譬如
百千種樂同時俱作聞是音者自然
皆生念佛念法念僧之心舍利弗其
佛國土成就如是功德莊嚴舍利弗
於汝意云何彼佛何故號阿彌陀舍
利弗彼佛光明無量照十方國無所
障礙是故號為阿彌陀又舍利弗彼
佛壽命及其人民無量無邊阿僧祇
劫故名阿彌陀舍利弗阿彌陀佛成
佛已來於今十劫又舍利弗彼佛有
無量無邊聲聞弟子皆阿羅漢非是
算數之所能知諸菩薩眾亦復如是
舍利弗彼佛國土成就如是功德莊
嚴又舍利弗極樂國土眾生生者皆
是阿鞞跋致其中多有一生補處其

數甚多非是算數所能知之但可以
無量無邊阿僧祇說舍利弗眾生聞
者應當發願願生彼國所以者何得
與如是諸上善人俱會一處舍利弗
不可以少善根福德因緣得生彼國
舍利弗若有善男子善女人聞說阿
彌陀佛執持名號若一日若二日若
三日若四日若五日若六日若七日
一心不亂其人臨命終時阿彌陀佛
與諸聖眾現在其前是人終時心不
顛倒即得往生阿彌陀佛極樂國土
舍利弗我見是利故說此言若有眾
生聞是說者應當發願生彼國土舍
利弗如我今者讚歎阿彌陀佛不可
思議功德之利東方亦有阿閦鞞佛

須彌相佛大須彌佛須彌光佛妙音
佛如是等恆河沙數諸佛各於其國
出廣長舌相遍覆三千大千世界說
誠實言汝等眾生當信是稱讚不可
思議功德一切諸佛所護念經舍利
弗南方世界有日月燈佛名聞光佛
大焰肩佛須彌燈佛無量精進佛如
是等恆河沙數諸佛各於其國出廣
長舌相遍覆三千大千世界說誠實
言汝等眾生當信是稱讚不可思議
功德一切諸佛所護念經舍利弗西
方世界有無量壽佛無量相佛無量
幢佛大光佛大明佛寶相佛淨光佛
如是等恆河沙數諸佛各於其國出
廣長舌相遍覆三千大千世界說誠

實言。汝等眾生。當信是稱讚不可思議功德一切諸佛所護念經。舍利弗。北方世界。有焰肩佛。最勝音佛。難沮佛。日生佛。網明佛。如是等恒河沙數諸佛。各於其國。出廣長舌相。遍覆三千大千世界。說誠實言。汝等眾生。當信是稱讚不可思議功德一切諸佛所護念經。舍利弗。下方世界。有師子佛。名聞佛。名光佛。達摩佛。法幢佛。持法佛。如是等恒河沙數諸佛。各於其國。出廣長舌相。遍覆三千大千世界。說誠實言。汝等眾生。當信是稱讚不可思議功德一切諸佛所護念經。舍利弗。上方世界。有梵音佛。宿王佛。香上佛。香光佛。大焰肩佛。雜色寶華嚴

身佛娑羅樹王佛寶華德佛見一切
義佛如須彌山佛如是等恒河沙數
諸佛各於其國出廣長舌相遍覆三
千大千世界說誠實言汝等眾生當
信是稱讚不可思議功德一切諸佛
所護念經舍利弗於汝意云何何故
名為一切諸佛所護念經舍利弗若
有善男子善女人聞是經受持者及
聞諸佛名者是諸善男子善女人皆
為一切諸佛之所護念皆得不退轉
於阿耨多羅三藐三菩提是故舍利
弗汝等皆當信受我語及諸佛所說
舍利弗若有人已發願今發願當發
願欲生阿彌陀佛國者是諸人等皆
得不退轉於阿耨多羅三藐三菩提

於彼國土若已生若今生若當生是
故舍利弗諸善男子善女人若有信
者應當發願生彼國土舍利弗如我
今者稱讚諸佛不可思議功德彼諸
佛等亦稱說我不可思議功德而作
是言釋迦牟尼佛能為甚難希有之
事能於娑婆國土五濁惡世劫濁見
濁煩惱濁眾生濁命濁中得阿耨多
羅三藐三菩提為諸眾生說是一切
世間難信之法舍利弗當知我於五
濁惡世行此難事得阿耨多羅三藐
三菩提為一切世間說此難信之法
是為甚難佛說此經已舍利弗及諸
比丘一切世間天人阿修羅等聞佛
所說歡喜信受作禮而去

佛說阿彌陀經

拔一切業障根本得生淨土陀羅尼

南無阿彌多婆夜。哆他伽哆夜。哆地夜他。阿彌唎都婆毗。阿彌唎哆。悉耽婆毗。阿彌唎哆。毗迦蘭帝。阿彌唎哆。毗迦蘭多。伽彌膩。伽伽那。枳多迦利。娑婆訶

佛說阿彌陀經

姚秦三藏法師鳩摩羅什譯

如是我聞一時佛在舍衛國祇樹給
孤獨園與大比丘僧千二百五十人
俱皆是大阿羅漢眾所知識長老舍
利弗摩訶目犍連摩訶迦葉摩訶迦
栴延摩訶俱絺羅離婆多周利槃陀
伽難陀阿難陀羅睺羅憍梵波提賓
頭盧頗羅墮迦留陀夷摩訶劫賓那
薄拘羅阿㝹樓馱如是等諸大弟子
并諸菩薩摩訶薩文殊師利法王子
阿逸多菩薩乾陀訶提菩薩常精進
菩薩與如是等諸大菩薩及釋提桓
因等無量諸天大眾俱爾時佛告長
老舍利弗從是西方過十萬億佛土

有世界名曰極樂其土有佛號阿彌
陀今現在說法舍利弗彼土何故名
為極樂其國眾生無有眾苦但受諸
樂故名極樂又舍利弗極樂國土七
重欄楯七重羅網七重行樹皆是四
寶周匝圍繞是故彼國名為極樂又
舍利弗極樂國土有七寶池八功德
水充滿其中池底純以金沙布地四
邊階道金銀琉璃玻璃合成上有樓
閣亦以金銀琉璃玻璃硨磲赤珠瑪
瑙而嚴飾之池中蓮花大如車輪青
色青光黃色黃光赤色赤光白色白
光微妙香潔舍利弗極樂國土成就
如是功德莊嚴又舍利弗彼佛國土
常作天樂黃金為地晝夜六時雨天

曼陀羅華其土衆生常以清旦各以
衣祴盛衆妙花供養他方十萬億佛
即以食時還到本國飯食經行舍利
弗極樂國土成就如是功德莊嚴復
次舍利弗彼國常有種種奇妙雜色
之鳥白鶴孔雀鸚鵡舍利迦陵頻伽
共命之鳥是諸衆鳥晝夜六時出和
雅音其音演暢五根五力七菩提分
八聖道分如是等法其土衆生聞是
音已皆悉念佛念法念僧舍利弗汝
勿謂此鳥實是罪報所生所以者何
彼佛國土無三惡道舍利弗其佛國
土尚無惡道之名何況有實是諸衆
鳥皆是阿彌陀佛欲令法音宣流變
化所作舍利弗彼佛國土微風吹動

諸寶行樹及寶羅網出微妙音譬如
百千種樂同時俱作聞是音者自然
皆生念佛念法念僧之心舍利弗其
佛國土成就如是功德莊嚴舍利弗
於汝意云何彼佛何故號阿彌陀舍
利弗彼佛光明無量照十方國無所
障礙是故號為阿彌陀又舍利弗彼
佛壽命及其人民無量無邊阿僧祇
劫故名阿彌陀舍利弗阿彌陀佛成
佛已來於今十劫又舍利弗彼佛有
無量無邊聲聞弟子皆阿羅漢非是
算數之所能知諸菩薩眾亦復如是
舍利弗彼佛國土成就如是功德莊
嚴又舍利弗極樂國土眾生生者皆
是阿鞞跋致其中多有一生補處其

數甚多。非是算數所能知之。但可以
無量無邊阿僧祇說。舍利弗。眾生聞
者。應當發願。願生彼國。所以者何。得
與如是諸上善人俱會一處。舍利弗。
不可以少善根福德因緣。得生彼國。
舍利弗。若有善男子善女人。聞說阿
彌陀佛。執持名號。若一日。若二日。若
三日。若四日。若五日。若六日。若七日。
一心不亂。其人臨命終時。阿彌陀佛
與諸聖眾。現在其前。是人終時。心不
顛倒。即得往生阿彌陀佛極樂國土。
舍利弗。我見是利。故說此言。若有眾
生。聞是說者。應當發願。生彼國土。舍
利弗。如我今者。讚歎阿彌陀佛不可
思議功德之利。東方亦有阿閦鞞佛。

須弥相佛大須弥佛須弥光佛妙音
佛如是等恒河沙數諸佛各於其國
出廣長舌相遍覆三千大千世界說
誠實言汝等眾生當信是稱讚不可
思議功德一切諸佛所護念經舍利
弗南方世界有日月燈佛名聞光佛
大焰肩佛須弥燈佛無量精進佛如
是等恒河沙數諸佛各於其國出廣
長舌相遍覆三千大千世界說誠實
言汝等眾生當信是稱讚不可思議
功德一切諸佛所護念經舍利弗西
方世界有無量壽佛無量相佛無量
幢佛大光佛大明佛寶相佛淨光佛
如是等恒河沙數諸佛各於其國出
廣長舌相遍覆三千大千世界說誠

實言汝等眾生當信是稱讚不可思
議功德一切諸佛所護念經舍利弗。
北方世界有焰肩佛最勝音佛難沮
佛日生佛網明佛如是等恒河沙數
諸佛各於其國出廣長舌相遍覆三
千大千世界說誠實言汝等眾生當
信是稱讚不可思議功德一切諸佛
所護念經舍利弗下方世界有師子
佛名聞佛名光佛達摩佛法幢佛持
法佛如是等恒河沙數諸佛各於其
國出廣長舌相遍覆三千大千世界。
說誠實言汝等眾生當信是稱讚不
可思議功德一切諸佛所護念經舍
利弗上方世界有梵音佛宿王佛香
上佛香光佛大焰肩佛雜色寶華嚴

界佛娑羅樹王佛寶華德佛見一切
義佛如須彌山佛如是等恆河沙數
諸佛各於其國出廣長舌相遍覆三
千大千世界說誠實言汝等眾生當
信是稱讚不可思議功德一切諸佛
所護念經舍利弗於汝意云何何故
名為一切諸佛所護念經舍利弗若
有善男子善女人聞是經受持者及
聞諸佛名者是諸善男子善女人皆
為一切諸佛之所護念皆得不退轉
於阿耨多羅三藐三菩提是故舍利
弗汝等皆當信受我語及諸佛所說
舍利弗若有人已發願今發願當發
願欲生阿彌陀佛國者是諸人等皆
得不退轉於阿耨多羅三藐三菩提

於彼國土若已生若今生若當生是
故舍利弗諸善男子善女人若有信
者應當發願生彼國土舍利弗如我
今者稱讚諸佛不可思議功德彼諸
佛等亦稱讚我不可思議功德而作
是言釋迦牟尼佛能為甚難希有之
事能於娑婆國土五濁惡世劫濁見
濁煩惱濁眾生濁命濁中得阿耨多
羅三藐三菩提為諸眾生說是一切
世間難信之法舍利弗當知我於五
濁惡世行此難事得阿耨多羅三藐
三菩提為一切世間說此難信之法
是為甚難佛說此經已舍利弗及諸
比丘一切世間天人阿修羅等聞佛
所說歡喜信受作禮而去

佛說阿彌陀經

拔一切業障根本得生淨土陀羅尼

南無阿彌哆婆夜哆他伽哆夜哆地

夜他阿彌唎都婆毗阿彌唎哆悉耽

婆毗阿彌唎哆毗迦蘭帝阿彌唎哆。

毗迦蘭哆伽彌膩伽伽那枳多迦唎。

娑婆訶

佛說阿彌陀經
姚秦三藏法師鳩摩羅什譯
如是我聞一時佛在舍衛國祇樹給
孤獨園與大比丘僧千二百五十人
俱皆是大阿羅漢眾所知識長老舍
利弗摩訶目犍連摩訶迦葉摩訶迦
旃延摩訶俱絺羅離婆多周利槃陀
伽難陀阿難陀羅睺羅憍梵波提賓
頭盧頗羅墮迦留陀夷摩訶劫賓那
薄拘羅阿㝹樓馱如是等諸大弟子
并諸菩薩摩訶薩文殊師利法王子
阿逸多菩薩乾陀訶提菩薩常精進
菩薩與如是等諸大菩薩及釋提桓
因等無量諸天大眾俱爾時佛告長
老舍利弗從是西方過十萬億佛土

有世界名曰極樂其土有佛号阿弥
陀今現在說法舍利弗彼土何故名
為極樂其國眾生無有眾苦但受諸
樂故名極樂又舍利弗極樂國土七
重欄楯七重羅網七重行樹皆是四
寶周匝圍繞是故彼國名為極樂又
舍利弗極樂國土有七寶池八功德
水充滿其中池底純以金沙布地四
邊階道金銀琉璃玻璃合成上有樓
閣亦以金銀琉璃玻璃硨磲赤珠碼
瑙而嚴飾之池中蓮花大如車輪青
色青光黃色黃光赤色赤光白色白
光微妙香潔舍利弗極樂國土成就
如是功德莊嚴又舍利弗彼佛國土
常作天樂黃金為地晝夜六時雨天

曼陀羅花其土眾生常以清旦各以
衣裓盛眾妙花供養他方十萬億佛
即以食時還到本國飯食經行舍利
弗極樂國土成就如是功德莊嚴復
次舍利弗彼國常有種種奇妙雜色
之鳥白鶴孔雀鸚鵡舍利迦陵頻伽
共命之鳥是諸眾鳥晝夜六時出和
雅音其音演暢五根五力七菩提分
八聖道分如是等法其土眾生聞是
音已皆悉念佛念法念僧舍利弗汝
勿謂此鳥實是罪報所生所以者何
彼佛國土無三惡道舍利弗其佛國
土尚無惡道之名何況有實是諸眾
鳥皆是阿彌陀佛欲令法音宣流變
化所作舍利弗彼佛國土微風吹動

諸寶行樹及寶羅網出微妙音譬如
百千種樂同時俱作聞是音者自然
皆生念佛念法念僧之心舍利弗其
佛國土成就如是功德莊嚴舍利弗
於汝意云何彼佛何故號阿彌陀舍
利弗彼佛光明無量照十方國無所
障礙是故號為阿彌陀又舍利弗彼
佛壽命及其人民無量無邊阿僧祇
劫故名阿彌陀舍利弗阿彌陀佛成
佛已來於今十劫又舍利弗彼佛有
無量無邊聲聞弟子皆阿羅漢非是
算數之所能知諸菩薩衆亦復如是
舍利弗彼佛國土成就如是功德莊
嚴又舍利弗極樂國土衆生生者皆
是阿鞞跋致其中多有一生補處其

數甚多。非是算數所能知之。但可以無量無邊阿僧祇說。舍利弗。眾生聞者。應當發願。願生彼國。所以者何。得與如是諸上善人俱會一處。舍利弗。不可以少善根福德因緣得生彼國。舍利弗。若有善男子善女人。聞說阿彌陀佛。執持名號。若一日。若二日。若三日。若四日。若五日。若六日。若七日。一心不亂。其人臨命終時。阿彌陀佛。與諸聖眾。現在其前。是人終時。心不顛倒。即得往生阿彌陀佛極樂國土。舍利弗。我見是利。故說此言。若有眾生。聞是說者。應當發願。生彼國土。舍利弗。如我今者。讚歎阿彌陀佛不可思議功德之利。東方亦有阿閦鞞佛。

須彌相佛大須彌佛須彌光佛妙音
佛如是等恒河沙數諸佛各於其國
出廣長舌相遍覆三千大千世界說
誠實言汝等眾生當信是稱讚不可
思議功德一切諸佛所護念經舍利
弗南方世界有日月燈佛名聞光佛
大焰肩佛須彌燈佛無量精進佛如
是等恒河沙數諸佛各於其國出廣
長舌相遍覆三千大千世界說誠實
言汝等眾生當信是稱讚不可思議
功德一切諸佛所護念經舍利弗西
方世界有無量壽佛無量相佛無量
幢佛大光佛大明佛寶相佛淨光佛
如是等恒河沙數諸佛各於其國出
廣長舌相遍覆三千大千世界說誠

實言汝等眾生當信是稱讚不可思
議功德一切諸佛所護念經舍利弗
北方世界有焰肩佛最勝音佛難沮
佛日生佛網明佛如是等恆河沙數
諸佛各於其國出廣長舌相遍覆三
千大千世界說誠實言汝等眾生當
信是稱讚不可思議功德一切諸佛
所護念經舍利弗下方世界有師子
佛名聞佛名光佛達摩佛法幢佛持
法佛如是等恆河沙數諸佛各於其
國出廣長舌相遍覆三千大千世界
說誠實言汝等眾生當信是稱讚不
可思議功德一切諸佛所護念經舍
利弗上方世界有梵音佛宿王佛香
上佛香光佛大焰肩佛雜色寶華嚴

身佛娑羅樹王佛寶華德佛見一切
義佛如須彌山佛如是等恆河沙數
諸佛各於其國出廣長舌相遍覆三
千大千世界說誠實言汝等眾生當
信是稱讚不可思議功德一切諸佛
所護念經舍利弗於汝意云何何故
名為一切諸佛所護念經舍利弗若
有善男子善女人聞是經受持者及
聞諸佛名者是諸善男子善女人皆
為一切諸佛之所護念皆得不退轉
於阿耨多羅三藐三菩提是故舍利
弗汝等皆當信受我語及諸佛所說
舍利弗若有人已發願今發願當發
願欲生阿彌陀佛國者是諸人等皆
得不退轉於阿耨多羅三藐三菩提

於彼國土若已生若今生若當生是
故舍利弗諸善男子善女人若有信
者應當發願生彼國土舍利弗如我
今者稱讚諸佛不可思議功德彼諸
佛等亦稱說我不可思議功德而作
是言釋迦牟尼佛能為甚難希有之
事能於娑婆國土五濁惡世劫濁見
濁煩惱濁衆生濁命濁中得阿耨多
羅三藐三菩提爲諸衆生說是一切
世間難信之法舍利弗當知我於五
濁惡世行此難事得阿耨多羅三藐
三菩提爲一切世間說此難信之法
是爲甚難佛說此經已舍利弗及諸
比丘一切世間天人阿修羅等聞佛
所說歡喜信受作禮而去

佛說阿弥陀經

拔一切業障根本得生淨土陀羅尼

南無阿弥多婆夜。哆他伽多夜。哆地

夜他。阿弥唎都婆毗。阿弥唎哆。悉耽

婆毗。阿弥唎哆。毗迦蘭帝。阿弥唎哆。

毗迦蘭多。伽弥膩。伽伽那。枳多迦利。

娑婆訶

佛說阿彌陀經
姚秦三藏法師鳩摩羅什譯
如是我聞一時佛在舍衛國祇樹給
孤獨園與大比丘僧千二百五十人
俱皆是大阿羅漢眾所知識長老舍
利弗摩訶目犍連摩訶迦葉摩訶迦
旃延摩訶俱絺羅離婆多周利槃陀
伽難陀阿難陀羅睺羅憍梵波提賓
頭盧頗羅墮迦留陀夷摩訶劫賓那
薄拘羅阿㝹樓馱如是等諸大弟子
并諸菩薩摩訶薩文殊師利法王子
阿逸多菩薩乾陀訶提菩薩常精進
菩薩與如是等諸大菩薩及釋提桓
因等無量諸天大眾俱爾時佛告長
老舍利弗從是西方過十萬億佛土

有世界名曰極樂其土有佛號阿彌
陀今現在說法舍利弗彼土何故名
為極樂其國眾生無有眾苦但受諸
樂故名極樂又舍利弗極樂國土七
重欄楯七重羅網七重行樹皆是四
寶周匝圍繞是故彼國名為極樂又
舍利弗極樂國土有七寶池八功德
水充滿其中池底純以金沙布地四
邊階道金銀琉璃玻璃合成上有樓
閣亦以金銀琉璃玻璃硨磲赤珠瑪
瑙而嚴飾之池中蓮花大如車輪青
色青光黃色黃光赤色赤光白色白
光微妙香潔舍利弗極樂國土成就
如是功德莊嚴又舍利弗彼佛國土
常作天樂黃金為地晝夜六時雨天

曼陀羅華其國眾生常以清旦各以
衣裓盛眾妙華供養他方十萬億佛
即以食時還到本國飯食經行舍利
弗極樂國土成就如是功德莊嚴復
次舍利弗彼國常有種種奇妙雜色
之鳥白鶴孔雀鸚鵡舍利迦陵頻伽
共命之鳥是諸眾鳥晝夜六時出和
雅音其音演暢五根五力七菩提分
八聖道分如是等法其土眾生聞是
音已皆悉念佛念法念僧舍利弗汝
勿謂此鳥實是罪報所生所以者何
彼佛國土無三惡道舍利弗其佛國
土尚無惡道之名何況有實是諸眾
鳥皆是阿彌陀佛欲令法音宣流變
化所作舍利弗彼佛國土微風吹動

諸寶行樹及寶羅網出微妙音譬如
百千種樂同時俱作聞是音者自然
皆生念佛念法念僧之心舍利弗其
佛國土成就如是功德莊嚴舍利弗
於汝意云何彼佛何故號阿弥陀舍
利弗彼佛光明無量照十方國無所
障礙是故號為阿弥陀又舍利弗彼
佛壽命及其人民無量無邊阿僧祇
劫故名阿弥陀舍利弗阿弥陀佛成
佛已來於今十劫又舍利弗彼佛有
無量無邊聲聞弟子皆阿羅漢非是
算數之所能知諸菩薩衆亦復如是
舍利弗彼佛國土成就如是功德莊
嚴又舍利弗極樂國土衆生生者皆
是阿鞞跋致其中多有一生補處其

數甚多非是算數所能知之但可以
無量無邊阿僧祇說舍利弗眾生聞
者應當發願願生彼國所以者何得
與如是諸上善人俱會一處舍利弗
不可以少善根福德因緣得生彼國
舍利弗若有善男子善女人聞說阿
彌陀佛執持名號若一日若二日若
三日若四日若五日若六日若七日
一心不亂其人臨命終時阿彌陀佛
與諸聖眾現在其前是人終時心不
顛倒即得往生阿彌陀佛極樂國土
舍利弗我見是利故說此言若有眾
生聞是說者應當發願生彼國土舍
利弗如我今者讚歎阿彌陀佛不可
思議功德之利東方亦有阿閦鞞佛

須彌相佛大須彌佛須彌光佛妙音
佛如是等恆河沙數諸佛各於其國
出廣長舌相遍覆三千大千世界說
誠實言汝等眾生當信是稱讚不可
思議功德一切諸佛所護念經舍利
弗南方世界有日月燈佛名聞光佛
大焰肩佛須彌燈佛無量精進佛如
是等恆河沙數諸佛各於其國出廣
長舌相遍覆三千大千世界說誠實
言汝等眾生當信是稱讚不可思議
功德一切諸佛所護念經舍利弗西
方世界有無量壽佛無量相佛無量
幢佛大光佛大明佛寶相佛淨光佛
如是等恆河沙數諸佛各於其國出
廣長舌相遍覆三千大千世界說誠

實言汝等衆生當信是稱讚不可思
議功德一切諸佛所護念經舍利弗
北方世界有焰肩佛最勝音佛難沮
佛日生佛網明佛如是等恒河沙數
諸佛各於其國出廣長舌相遍覆三
千大千世界說誠實言汝等衆生當
信是稱讚不可思議功德一切諸佛
所護念經舍利弗下方世界有師子
佛名聞佛名光佛達摩佛法幢佛持
法佛如是等恒河沙數諸佛各於其
國出廣長舌相遍覆三千大千世界
說誠實言汝等衆生當信是稱讚不
可思議功德一切諸佛所護念經舍
利弗上方世界有梵音佛宿王佛香
上佛香光佛大焰肩佛雜色寶華嚴

身佛娑羅樹王佛寶華德佛見一切
義佛如須彌山佛如是等恆河沙數
諸佛各於其國出廣長舌相遍覆三
千大千世界說誠實言汝等眾生當
信是稱讚不可思議功德一切諸佛
所護念經舍利弗於汝意云何何故
名為一切諸佛所護念經舍利弗若
有善男子善女人聞是經受持者及
聞諸佛名者是諸善男子善女人皆
為一切諸佛之所護念皆得不退轉
於阿耨多羅三藐三菩提是故舍利
弗汝等皆當信受我語及諸佛所說
舍利弗若有人已發願今發願當發
願欲生阿彌陀佛國者是諸人等皆
得不退轉於阿耨多羅三藐三菩提

於彼國土若已生若今生若當生是
故舍利弗諸善男子善女人若有信
者應當發願生彼國土舍利弗如我
今者稱讚諸佛不可思議功德彼諸
佛等亦稱說我不可思議功德而作
是言釋迦牟尼佛能為甚難希有之
事能於娑婆國土五濁惡世劫濁見
濁煩惱濁眾生濁命濁中得阿耨多
羅三藐三菩提為諸眾生說是一切
世間難信之法舍利弗當知我於五
濁惡世行此難事得阿耨多羅三藐
三菩提為一切世間說此難信之法
是為甚難佛說此經已舍利弗及諸
比丘一切世間天人阿修羅等聞佛
所說歡喜信受作禮而去

佛說阿彌陀經

拔一切業障根本得生淨土陀羅尼

南無阿彌哆婆夜。哆他伽哆夜。哆地夜他。阿彌唎都婆毗。阿彌唎哆。悉耽婆毗。阿彌唎哆。毗迦蘭帝。阿彌唎哆。毗迦蘭哆。伽彌膩。伽伽那。枳多迦唎。娑婆訶

佛說阿彌陀經

姚秦三藏法師鳩摩羅什譯

如是我聞一時佛在舍衛國祇樹給
孤獨園與大比丘僧千二百五十人
俱皆是大阿羅漢眾所知識長老舍
利弗摩訶目犍連摩訶迦葉摩訶迦
旃延摩訶俱絺羅離婆多周利槃陀
伽難陀阿難陀羅睺羅憍梵波提賓
頭盧頗羅墮迦留陀夷摩訶劫賓那
薄拘羅阿㝹樓馱如是等諸大弟子
并諸菩薩摩訶薩文殊師利法王子
阿逸多菩薩乾陀訶提菩薩常精進
菩薩與如是等諸大菩薩及釋提桓
因等無量諸天大眾俱爾時佛告長
老舍利弗從是西方過十萬億佛土

有世界名曰極樂其土有佛號阿彌
陀今現在說法舍利弗彼土何故名
為極樂其國眾生無有眾苦但受諸
樂故名極樂又舍利弗極樂國土七
重欄楯七重羅網七重行樹皆是四
寶周匝圍繞是故彼國名為極樂又
舍利弗極樂國土有七寶池八功德
水充滿其中池底純以金沙布地四
邊階道金銀琉璃玻璃合成上有樓
閣亦以金銀琉璃玻璃硨磲赤珠瑪
瑙而嚴飾之池中蓮花大如車輪青
色青光黃色黃光赤色赤光白色白
光微妙香潔舍利弗極樂國土成就
如是功德莊嚴又舍利弗彼佛國土
常作天樂黃金為地晝夜六時雨天

曼陀羅花其土衆生常以清旦各以
衣裓盛衆妙花供養他方十万億佛
即以食時還到本國飯食經行舍利
弗極樂國土成就如是功德莊嚴復
次舍利弗彼國常有種種奇妙雜色
之鳥白鶴孔雀鸚鵡舍利迦陵頻伽
共命之鳥是諸衆鳥晝夜六時出和
雅音其音演暢五根五力七菩提分
八聖道分如是等法其土衆生聞是
音已皆悉念佛念法念僧舍利弗汝
勿謂此鳥實是罪報所生所以者何
彼佛國土無三惡道舍利弗其佛國
土尚無惡道之名何況有實是諸衆
鳥皆是阿彌陀佛欲令法音宣流變
化所作舍利弗彼佛國土微風吹動

諸寶行樹及寶羅網出微妙音譬如
百千種樂同時俱作聞是音者自然
皆生念佛念法念僧之心舍利弗其
佛國土成就如是功德莊嚴舍利弗
於汝意云何彼佛何故號阿彌陀舍
利弗彼佛光明無量照十方國無所
障礙是故號為阿彌陀又舍利弗彼
佛壽命及其人民無量無邊阿僧祇
劫故名阿彌陀舍利弗阿彌陀佛成
佛已來於今十劫又舍利弗彼佛有
無量無邊聲聞弟子皆阿羅漢非是
算數之所能知諸菩薩眾亦復如是
舍利弗彼佛國土成就如是功德莊
嚴又舍利弗極樂國土眾生生者皆
是阿鞞跋致其中多有一生補處其

須彌相佛大須彌佛須彌光佛妙音
佛如是等恆河沙數諸佛各於其國
出廣長舌相遍覆三千大千世界說
誠實言汝等眾生當信是稱讚不可
思議功德一切諸佛所護念經舍利
弗南方世界有日月燈佛名聞光佛
大焰肩佛須彌燈佛無量精進佛如
是等恆河沙數諸佛各於其國出廣
長舌相遍覆三千大千世界說誠實
言汝等眾生當信是稱讚不可思議
功德一切諸佛所護念經舍利弗西
方世界有無量壽佛無量相佛無量
幢佛大光佛大明佛寶相佛淨光佛
如是等恆河沙數諸佛各於其國出
廣長舌相遍覆三千大千世界說誠

諸寶行樹及寶羅網出微妙音譬如
百千種樂同時俱作聞是音者自然
皆生念佛念法念僧之心舍利弗其
佛國土成就如是功德莊嚴舍利弗
於汝意云何彼佛何故號阿彌陀舍
利弗彼佛光明無量照十方國無所
障礙是故號為阿彌陀又舍利弗彼
佛壽命及其人民無量無邊阿僧祇
劫故名阿彌陀舍利弗阿彌陀佛成
佛以來於今十劫又舍利弗彼佛有
無量無邊聲聞弟子皆阿羅漢非是
算數之所能知諸菩薩眾亦復如是
舍利弗彼佛國土成就如是功德莊
嚴又舍利弗極樂國土眾生生者皆
是阿鞞跋致其中多有一生補處其

數甚多非是算數所能知之但可以
無量無邊阿僧祇說舍利弗眾生聞
者應當發願願生彼國所以者何得
與如是諸上善人俱會一處舍利弗
不可以少善根福德因緣得生彼國
舍利弗若有善男子善女人聞說阿
彌陀佛執持名號若一日若二日若
三日若四日若五日若六日若七日
一心不亂其人臨命終時阿彌陀佛
與諸聖眾現在其前是人終時心不
顛倒即得往生阿彌陀佛極樂國土
舍利弗我見是利故說此言若有眾
生聞是說者應當發願生彼國土舍
利弗如我今者讚歎阿彌陀佛不可
思議功德之利東方亦有阿閦鞞佛

實言：汝等眾生，當信是稱讚不可思
議功德一切諸佛所護念經。舍利弗，
北方世界有焰肩佛、最勝音佛、難沮
佛、日生佛、網明佛，如是等恒河沙數
諸佛，各於其國出廣長舌相，遍覆三
千大千世界，說誠實言：汝等眾生，當
信是稱讚不可思議功德一切諸佛
所護念經。舍利弗，下方世界有師子
佛、名聞佛、名光佛、達摩佛、法幢佛、持
法佛，如是等恒河沙數諸佛，各於其
國出廣長舌相，遍覆三千大千世界，
說誠實言：汝等眾生，當信是稱讚不
可思議功德一切諸佛所護念經。舍
利弗，上方世界有梵音佛、宿王佛、香
上佛、香光佛、大焰肩佛、雜色寶華嚴

身佛。娑羅樹王佛寶華德佛見一切
義佛如須彌山佛如是等恆河沙數
諸佛各於其國出廣長舌相遍覆三
千大千世界說誠實言汝等眾生當
信是稱讚不可思議功德一切諸佛
所護念經舍利弗於汝意云何何故
名為一切諸佛所護念經舍利弗若
有善男子善女人聞是經受持者及
聞諸佛名者是諸善男子善女人皆
為一切諸佛共所護念皆得不退轉
於阿耨多羅三藐三菩提是故舍利
弗汝等皆當信受我語及諸佛所說
舍利弗若有人已發願今發願當發
願欲生阿彌陀佛國者是諸人等皆
得不退轉於阿耨多羅三藐三菩提

於彼國土。若已生。若今生。若當生。是故舍利弗。諸善男子。善女人。若有信者。應當發願。生彼國土。舍利弗。如我今者。稱讚諸佛不可思議功德。彼諸佛等。亦稱說我不可思議功德。而作是言。釋迦牟尼佛。能為甚難希有之事。能於娑婆國土。五濁惡世。劫濁。見濁。煩惱濁。眾生濁。命濁中。得阿耨多羅三藐三菩提。為諸眾生。說是一切世間難信之法。舍利弗。當知我於五濁惡世。行此難事。得阿耨多羅三藐三菩提。為一切世間。說此難信之法。是為甚難。佛說此經已。舍利弗。及諸比丘。一切世間天人阿修羅等。聞佛所說。歡喜信受。作禮而去。

佛說阿彌陀經

拔一切業障根本得生淨土陀羅尼

南無阿彌多婆夜哆他伽多夜哆地

夜他阿彌唎都婆毗阿彌唎哆悉耽

婆毗阿彌唎哆毗迦蘭帝阿彌唎哆

毗迦蘭多伽彌膩伽伽那枳多迦唎

娑婆訶

曼陀羅華其國眾生常以清旦各以
衣祴盛眾妙華供養他方十萬億佛
即以食時還到本國飯食經行舍利
弗極樂國土成就如是功德莊嚴復
次舍利弗彼國常有種種奇妙雜色
之鳥白鶴孔雀鸚鵡舍利迦陵頻伽
共命之鳥是諸眾鳥晝夜六時出和
雅音其音演暢五根五力七菩提分
八聖道分如是等法其土眾生聞是
音已皆悉念佛念法念僧舍利弗汝
勿謂此鳥實是罪報所生所以者何
彼佛國土無三惡道舍利弗其佛國
土尚無惡道之名何況有實是諸眾
鳥皆是阿彌陀佛欲令法音宣流變
化所作舍利弗彼佛國土微風吹動

須彌相佛大須彌佛須彌光佛妙音
佛如是等恒河沙數諸佛各於其國
出廣長舌相遍覆三千大千世界說
誠實言汝等眾生當信是稱讚不可
思議功德一切諸佛所護念經舍利
弗南方世界有日月燈佛名聞光佛
大焰肩佛須彌燈佛無量精進佛如
是等恒河沙數諸佛各於其國出廣
長舌相遍覆三千大千世界說誠實
言汝等眾生當信是稱讚不可思議
功德一切諸佛所護念經舍利弗西
方世界有無量壽佛無量相佛無量
幢佛大光佛大明佛寶相佛淨光佛
如是等恒河沙數諸佛各於其國出
廣長舌相遍覆三千大千世界說誠

實言汝等眾生當信是稱讚不可思
議功德一切諸佛所護念經舍利弗
北方世界有焰肩佛最勝音佛難沮
佛日生佛網明佛如是等恆河沙數
諸佛各於其國出廣長舌相遍覆三
千大千世界說誠實言汝等眾生當
信是稱讚不可思議功德一切諸佛
所護念經舍利弗下方世界有師子
佛名聞佛名光佛達摩佛法幢佛持
法佛如是等恆河沙數諸佛各於其
國出廣長舌相遍覆三千大千世界
說誠實言汝等眾生當信是稱讚不
可思議功德一切諸佛所護念經舍
利弗上方世界有梵音佛宿王佛香
上佛香光佛大焰肩佛雜色寶華嚴

身佛娑羅樹王佛寶華德佛見一切
義佛如須彌山佛如是等恒河沙數
諸佛各於其國出廣長舌相遍覆三
千大千世界說誠實言汝等眾生當
信是稱讚不可思議功德一切諸佛
所護念經舍利弗於汝意云何何故
名為一切諸佛所護念經舍利弗若
有善男子善女人聞是經受持者及
聞諸佛名者是諸善男子善女人皆
為一切諸佛共所護念皆得不退轉
於阿耨多羅三藐三菩提是故舍利
弗汝等皆當信受我語及諸佛所說
舍利弗若有人已發願今發願當發
願欲生阿彌陀佛國者是諸人等皆
得不退轉於阿耨多羅三藐三菩提。

於彼國土若已生若今生若當生是
故舍利弗諸善男子善女人若有信
者應當發願生彼國土舍利弗如我
今者稱讚諸佛不可思議功德彼諸
佛等亦稱讚我不可思議功德而作
是言釋迦牟尼佛能為甚難希有之
事能於娑婆國土五濁惡世劫濁見
濁煩惱濁眾生濁命濁中得阿耨多
羅三藐三菩提為諸眾生說是一切
世間難信之法舍利弗當知我於五
濁惡世行此難事得阿耨多羅三藐
三菩提為一切世間說此難信之法
是為甚難佛說此經已舍利弗及諸
比丘一切世間天人阿修羅等聞佛
所說歡喜信受作禮而去

寫 · 阿彌陀經：練習人生中的信願成就與自在放下

範帖書寫　張明明
封面設計　莊謹銘
內頁排版　高巧怡
行銷企劃　蕭浩仰、江紫涓
行銷統籌　駱漢琦
業務發行　邱紹溢
營運顧問　郭其彬
責任編輯　林芳吟
總 編 輯　李亞南

出　　版　漫遊者文化事業股份有限公司
地　　址　台北市103大同區重慶北路二段88號2樓之6
電　　話　(02) 2715-2022
傳　　真　(02) 2715-2021
服務信箱　service@azothbooks.com
網路書店　www.azothbooks.com
臉　　書　www.facebook.com/azothbooks.read
發　　行　大雁文化事業股份有限公司
地　　址　新北市231新店區北新路三段207-3號5樓
電　　話　02-8913-1005
訂購傳真　02-8913-1096
初版一刷　2024年3月
定　　價　台幣380元